CHOIX

DE VUES PITTORESQUES

D'ITALIE, DE SUISSE,

DE FRANCE, ET D'ESPAGNE,

A PARIS.

Épître Dédicatoire

à Son Altesse Royale
Madame la Duchesse de Berry

Madame,

Votre Altesse Royale

Madame

L'ITALIE.

ROME.

SAINT-PIERRE.

ROME.

LE FORUM.

CAMPAGNE DE ROME.

FRASCATI.

LAC D'ALBANO.

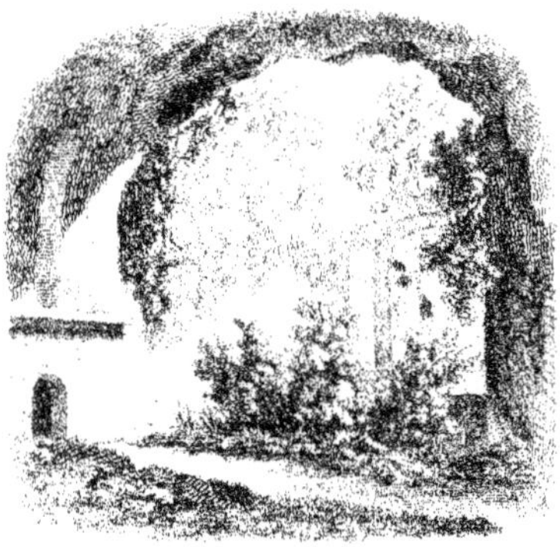

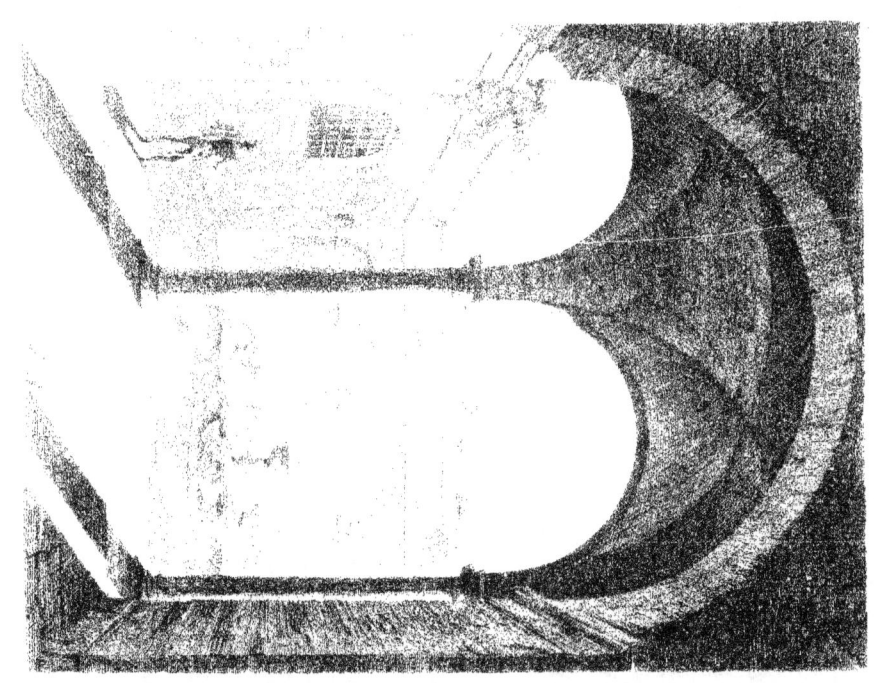

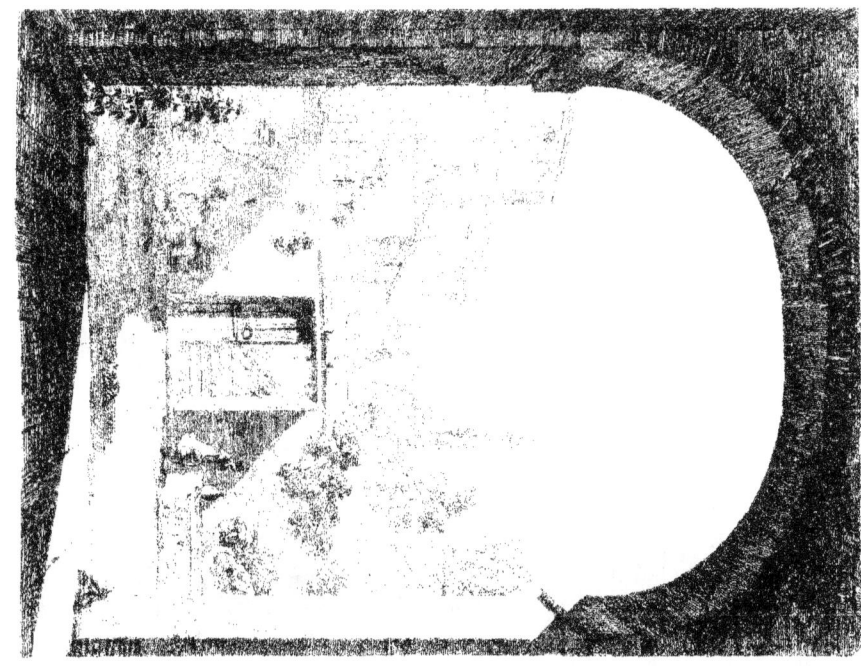

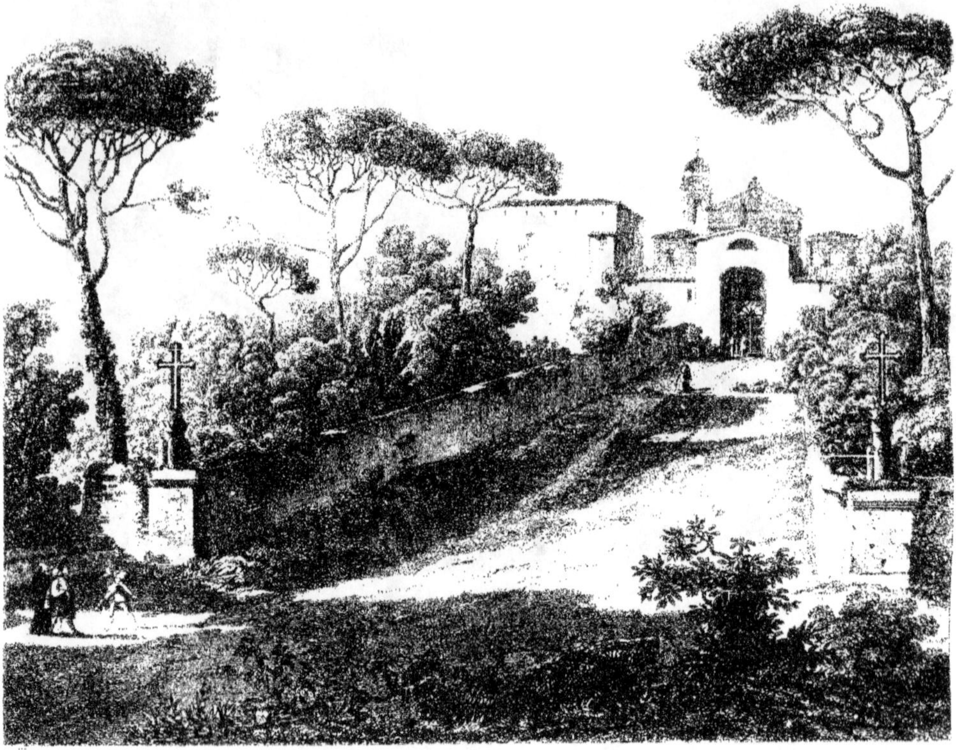

www.ingramcontent.com/pod-product-compliance
Lightning Source LLC
LaVergne TN
LVHW020954090426
835512LV00009B/1902